QUADERNI CENNI

L'ESERCITO DEL REGNO DI NAPOLI

1806-1808

VOL. 2

Aquarelli di Quinto Cenni dalla collezzione
di H. J. Vinkhuijzen

SOLDIERSHOP PUBLISHING

Title: **L'ESERCITO DEL REGNO DI NAPOLI 1806-1808 VOL. 2. cod. QC006**
By Luca Stefano Cristini. Tavole a colori di Quinto Cenni. First edition by Soldiershop.
Cover & Art Design: Luca S. Cristini. And Anna Cristini
ISBN code: 978-88-93270946 codice e collana Soldiershop Quaderni Cenni (QC006)

Published by Soldiershop publishing, via Padre Davide, 7 - 24050 Zanica (BG) ITALY. www.soldiershop.com

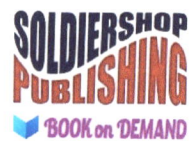

L'ESERCITO DEL REGNO DI NAPOLI

1806-1808

Vol. 2

QUADERNI CENNI

Robert Lefevre Pinx.   Georgeim del.   P.E. Shutte Sculp.

JOSEPH NAPOLEON

ROI DE NAPLES ET DE SICILE.

FRÈRE DE L'EMPEREUR

GRAND ÉLECTEUR DE L'EMPIRE FRANÇAIS.

D'après à la Bibliothèque Imperiale.

à Paris chez Petiolle Editeur, rue St Honoré N° 143.

Le uniformi della fanteria napoletana

FANTERIA DI LINEA

I primi due reggimenti di fanteria di linea del regno sono creati dal decreto del 13 giugno 1806 con l'effettivo di due battaglioni. Il battaglione dei pionieri neri già fra gli effettivi dell'armata francese passa al servizio del Re di Napoli con decreto imperiale del 14 agosto 1806; viene riorganizzato il 10 novembre in reggimento di fanteria di linea su due battaglioni sotto il nome di "Reale Africana". I risultati della coscrizione e dell'arruolamento voluti da Murat migliorano la situazione, nuovi reggimenti sono creati nel 1809: il 3° il 10 marzo 1809, il 4° e il 5° il 15 settembre e il 6° il 26 settembre. Il 17 dicembre, l'effettivo del Reale Africana viene utilizzato per formare il 7° reggimento di linea. Il 14 ottobre 1811, i resti dei 1° e 2° reggimento di linea e dei residui di un reggimento di fanteria leggera che servono in Spagna sono riorganizzati sul posto per dare vita ad un nuovo 8° reggimento; il 1° e 2° reggimento sono riformati a Napoli con un maggior numero di battaglioni. Il decreto del 28 giugno 1813 creò il 9° di linea, seguito dal 10° l'8 marzo 1814 e dall'11° il 2 maggio 1814 , questo fu costituito in gran parte utilizzando i disertori, prigionieri di guerra ed arruolati volontari italiani. I veterani delle campagne del 1812 e 1813 liberati dagli alleati, permettono infine di formare il 29 giugno 1814 un 12° reggimento che poi viene sciolto per venire integrato nel reggimento volteggiatori della Guardia il 29 settembre.

Con lo stesso decreto si diede ordine di creare un nuovo 12° mentre la creazione di un 13° reggimento fu tentato sui luoghi occupati di marche e Romagna ma non ebbe poi esito dato lo sfortunato sviluppo della guerra contro l'Austria. Il decreto del 2 aprile 1813 creò in ogni reggimento una compagnia di artiglieria reggimentale attrezzata con due pezzi da 4 libbre.

NOTE UNIFORMOLOGICHE

Le uniformi napoletane del periodo francese sono note e ben documentate, ma le fonti più sicure fanno quasi sempre riferimento all'uniforme dell'ultimo tipo, quella degli anni fra il 1810-1815. Le notizie relative ai primi anni sono invece rare e lacunose, e per nulla certe. Non sono noti a tutt'oggi bollettini o norme d'archivio che documentino queste uniformi. Molte sono andate certamente perse in incendi, dopo il fuoco, le molte guerre fino all'ultima del 1945 hanno fatto il resto. Non resta che far affidamento quindi all'iconografia ricca ma varia. Citiamo su tutte almeno la raccolta Filangieri e la raccolta di uniformi eseguita dall'Aloja.

La prima presenta alcune decine di uniformi eseguite con sapore naïve e probabilmente con alcuni errori, dovute con molta probabilità all'esecuzione postuma di tali uniformi negli anni attorno al 1820/25 e quindi influenzata dai tagli più moderni delle uniformi coeve. Il massiccio lavoro di Gennaro Aloja invece è per certo postumo rispetto agli anni 1806-1815 giacché si trattò di un lavoro fatto su commissione dello stesso re Ferdinando II all'Aloja allora pittore ufficiale dell'esercito napoletano. Le tavole sono bellissime ma certo risentono del fatto di essere state realizzate quasi quaranta anni dopo. Vanno quindi reinterpretate dall'uniformologo in grado di trasporre l'aria romantica delle fogge per renderle più verosimili al periodo Impero. Non sono invece da ritenere utili al fine di elaborazione scientifica i lavori più tardi come quelli di Quinto Cenni, ahimè colmi di errori e lacune evidenti.

◀ Litografia d'epoca di Giuseppe Bonaparte re di Napoli e di Sicilia nel 1806

FUCILIERI

Alla fondazione la fanteria di linea indossa l'abito alla francese a lembi lunghi di panno bianco per il 1° e 2° reggimento e di panno blu scuro per il 3°, 4° e 5°. Il bianco era usato probabilmente anche per sfruttare le dotazioni dei magazzini dell'esercito borbonico che erano appunto bianchi. Spalline bianche o blu orlate del colore distintivo. Colletto e risvolti quadrati al petto e alle code del colore distintivo filettati di bianco. Anche i paramani sono del colore distintivo filettati di bianco con patte quadrate (con 3 o 4 bottoni) del colore distintivo. Tasche diagonali (per il 1° e 2° reggimento), o verticali (3°, 4° e 5°) simulato da un filetto del colore distintivo. Bottoni gialli (sette per lato al petto). Copricapo il tipico cappello a bicorno di panno nero con coccarda tricolore con pompon del colore della compagnia assegnata. Ghette nere o grigie, più raramente bianche. Berretto da fatica bianco filettato del colore distintivo. E' molto probabile che le uniformi dei tre reggimenti vestiti con la tenuta bleu fosse già di taglio più moderno con i lembi corti ma non vi sono dati sicuri a questo proposito. Comunque attorno al 1810 inizia ad essere distribuito lo shakò a tutti reparti. Classico nero, senza cordoni, con placca recante il numero del reggimento e pompon e coccarda. All'inizio la coccarda è del tipo francese a cerchi concentrici blu, rosso e bianco, dal 15 febbraio 1811 con i colori "napoletani": amaranto all'interno e bianco all'esterno. Infine dall'otto aprile 1815, quindi sul finire del suo regno, Murat, con un decreto redatto a Bologna adotta una nuova coccarda "italica" in cui oltre ai colori già presenti si unisce il verde italiano! Sempre dallo stesso anno sullo scudo sannitico o (più raramente) sulla losanga quadrata sempre in metallo giallo fa la sua comparsa la cifra JN (Joachin Napoleon) insieme al numero del reggimento, generalmente traforato meno spesso in rilievo, soggolo d'ottone. Pompon delle compagnie fucilieri: 1a compagnia verde. 2a compagnia azzurra. 3a compagnia arancione. 4a compagnia viola. Bandoliere in cuoio bianco, giberna in cuoio nero, briquet, zaini e soprabiti di tipo francese. Nel 1810 sono formati il reggimento numero 6 (Guardia municipale di Napoli) e il numero 7 (Corpo Reale africano). Questi hanno i loro colori tipici che sono una giacca celeste con mostre cremisi per il 6° e giacca marrone con mostre scarlatto per il secondo. Questo stato di cose rese un po' troppo variegata la divisa napoletana dove ormai figurano giacche di 4 colori diversi. Furono quindi accelerati i tempi di una necessaria ristrutturazione delle uniformi che infatti verrà

▲ Truppe di Giuseppe Bonaparte al tempo del suo incarico come re di Spagna nel 1810.
▶ Bandiera del 1° Reggimento di fanteria leggera del regno di Napoli sotto Giuseppe Bonaparte

trasformata per tutti i reggimenti in bianco coi propri colori distintivi. Nel tardo 1811 questa variazione sembra operativa per tutti i reparti. Da questa data la fanteria di linea è tutta bianca: giacca, gilet e pantaloni, ghette corte nere, shako nero. I risvolti al petto sono sempre visibili e chiusi da due file di sette bottoni per parte nascondendo interamente il panciotto sottostante. Essi sono del colore distintivo con filettatura bianca. I colori distintivi dei reggimenti di fanteria di linea sono indicati nella tabella seguente:

Nr. Regg.	Denominazione	Colore distintivo
1°	Re	Celeste carico o azzurro
2°	Regina	Blu poi rosso (1811)
3°	Principe Reale	Giallo poi nero (1811)
4°	Real Sannita	Amaranto
5°	Real Calabria	Verde
6°	Napoli	Arancione
7°	Real Africano	Giallo
8°	Principe Luciano	Rosa
9°		Celeste poi Violetto (1811)
10°		Celeste carico o azzurro
11°		Rosso
12°		Verde

Come avrete notato gli ultimi tre reggimenti hanno lo stesso colore distintivo del 1°, 2° e 5° reggimento.
Per evitare ogni confusione di riconoscimento furono adottati accorgimenti indicati nel decreto dell'11 maggio 1814 che prevedeva per questi ultimi tre reggimenti l'uso di colletti interamente bianchi con "frisi" (sorta di mostrine a tre punte) del colore distintivo insieme ai paramani bianchi con pattina e filettatura del colore distintivo. Alcune fonti segnalano anche che per gli ultimi due reggimenti i bottoni dovessero essere di metallo bianco anziché di ottone come per tutti gli altri soldati della linea.

I disegni dell'Aloja tuttavia riportano i bottoni in metallo giallo per tutti i reggimenti di linea. Tornando ai paramani, notate che questo modello a pattina era fino ad allora in uso per tutti i reggimenti. Dalla data del decreto citato infatti i primi nove reggimenti adottarono i paramani a punta del colore distintivo filettati di bianco per i vecchi reggimenti (dal 1° all'8°).
Come detto i reggimenti di recente creazione: il 10°, 11° e 12° (escluso il nono), hanno il colletto e il paramano bianchi filettati del colore distintivo.
Gilet bianco. Pantaloni bianchi e a partire dal 1809, ghette corte nere in tutte le tenute. Scarpe nere.
In marcia l'equipaggiamento è completato dallo zaino e dalle buffetterie. Lo zaino è in vitello marroncino dotato di cinghie bianche. Sulla sommità dello stesso viene portato arrotolato il cappotto solitamente di

color grigiastro, molto ampio ad un solo petto con una fila di bottoni ricoperti della stessa stoffa grigia, il largo collo critto a volte porta una patta del colore distintivo. I cappotti dei volteggiatori e dei granatieri indossano di preferenza anche le spalline loro assegnate. In campagna oltre al cappotto il soldato indossa anche larghi e comodi pantaloni lunghi, bianchi o grigiastri ed una cerata per salvaguardare lo shakò.

Due bandoliere per giberna e sciabola. Una sola bandoliera è invece prevista per le compagnie fucilieri e per i volteggiatori, dotata di un'apposita tasca per il fodero della baionetta. La giberna nera semplice per i fucilieri, e con cornetta in ottone per i volteggiatori ha nella parte inferiore due cinghiette che servono per alloggiarvi il berretto da fatica bianco filettato dei colori distintivi. Lo stesso berretto ha una ghianda di colore giallo per i volteggiatori e rossa per le compagnie granatieri.

I fucilieri hanno anche un piccolo segno distintivo sui risvolti delle code della giacca, generalmente un ornamento che può essere di volta uno scudetto con corona in lana gialla, oppure una stella o un cuoricino del medesimo colore o bianco. Nell'uso comune e quotidiano comunque era assai più probabile che ogni tipo di ornamento fosse assente. Distintivi di anzianità sono portati in forma di V rovesciata di lana rossa sul braccio sinistro. Uno per cinque anni di servizio e rispettivamente due o tre per dieci o quindici anni di anzianità. I soldati scelti o i caporali erano indentificati da galloni di lana gialla posti in diagonale su ambo le maniche poco sopra i polsini nei termini di uno per il soldato scelto e due per il caporale.

GRANATIERI
Abito da truppa con spalline scarlatte o amaranto che come è noto era il colore preferito da Murat sin dai tempi in cui era Granduca del Kleves-Berg. Risvolti ornati di una granata scarlatta. In alta uniforme i granatieri indossano, in luogo dello shako usato in campagna, un berrettone di pelo di pelliccia nera senza placca, pennacchio, cordone e racchette scarlatte o amaranto, imperiale rosso con granata di lana gialla.

In servizio, prima del 1808, bicorno a carota scarlatta poi shakò a fiocco scarlatto o amaranto. Sciabola di fanteria con dragona scarlatta o amaranto. Cinghie della sciabola di colore rosso (Otto Von Pivka).

VOLTEGGIATORI
Abito da truppa con colletto giallo camoscio e filetto bianco. Spalline verdi con torneggio e passante giallo camoscio e frange verdi. Risvolti alle falde ornati di un cornetto verde (prima del 1808) poi giallo. Prima del 1808, il copricapo è il bicorno con carota verde sostituito poi dallo shakò con carota verde e cima giallo camoscio. Sciabola di fanteria con dragona verde, talvolta con la ghianda giallo camoscio. Cinghie della sciabola di colore verde (secondo il Von Pivka).

SOTTUFFICIALI
Abito da truppa con galloni di grado giallo od oro orlato del colore distintivo sulle maniche, dello stesso tipo già indicato per soldati scelti e caporali. Per i sergenti delle compagnie d'élite

▲ La famiglia di Giuseppe Bonaparte- la moglie Julie Clary, assieme alla figlia Zenaide (1801-1854).

▶ Verso della bandiera presentata a pagina 7.

e i sergenti maggiore di tutte le compagnie, spalline della compagnia (scarlatte o amaranto per i sergenti maggiore dei fucilieri) con torneggio in oro e frange con filo d'oro. Dragona amaranto misto oro. I distintivi di grado come detto sono posti su entrambe le braccia, uno o due galloni diagonali in tessuto dorato, sotto pannati di stoffa del colore distintivo. I galloni sono uno per il sergente e due per il sergente maggiore, sempre uno ma posto più in alto per il furiere. I sottufficiali, anche quelli dei fucilieri hanno sempre due bandoliere per giberna e sciabola. In alcuni casi non regolamentati, i sottufficiali indossarono anche galloni di grado sullo shakò.

UFFICIALI

Abito da truppa, solitamente di stoffe e tessuti più pregiati e tagli più curati, a lembi lunghi con distintivi di grado (spalline, rialzo collo e gallone in cima allo shakò), oro. Shakò a placca, cordone e sottogola di visiera dorati ornato di un pennacchio bianco, scarlatto o verde secondo le compagnie. Gorgiera dorata da portare sotto il collo con in sovrimpressione la sigla JN. Il colonello e gli ufficiali superiori non sono tenuti ad indossare la gorgiera e si riconoscono anche per un largo pennacchio bianco portato sullo shakò. Cinturone di cuoio imbiancato per l'alta uniforme e nero per l'uniforme di campagna e spada (sciabola curva per gli ufficiali dei volteggiatori) con guardia dorata e fodero di cuoio nero dalle guarnizioni dorate. Fuori servizio gli ufficiali portavano il bicorno con coccarda cappietto e bottone dorati. Sempre fuori servizio essi vestivano la redingote bianca ad un petto con i colori distintivi su colletto, paramani e risvolti. Pantaloni bianchi e stivali corti neri alla ussara, a volte con orlo e fiocchetto dorati.

I fregi allo shakò o ai berrettoni (granata sull'imperiale) sono sempre dorati. I distintivi di grado appaiono sotto forma di vari tipi di spalline dorate. Quando montati, gli ufficiali montano su una gualdrappa del colore distintivo con gallone e numero del reggimento dorati. Unica arma in dotazione agli ufficiali è la spada dritta (sciabola per gli ufficiali dei granatieri e dei volteggiatori) con guardia dorata e fodero in cuoio con abbellimenti e metallerie dorate.

TAMBURI E CORNETTE

Abito da truppa (talvolta in colori invertiti) col colletto, i risvolti ed i paramani ornati di un gallone di livrea

bianca, blu e rossa. Nidi di rondine portati sopra o sotto le spalline del colore distintivo, bordati nella parte inferiore del gallone di livrea. Questo gallone è sostituito verso 1811 da un gallone a scacchiera bianco e amaranto, e le maniche sono adornate allora di sette capriate a V rovesciata di questo stesso gallone.

Nel 1811, tamburo a cassa in rame e cerchi dipinti di triangoli alternati bianco ed amaranto. Lo strumento viene portato appeso ad una tracolla di cuoio bianco che è dotato di tasche porta racchette in ottone.

I tamburini avevano anche un largo cosciale di cuoi bianco allo scopo di preservare uniforme e strumento, portato sulla gamba sinistra. Le cornette avevano in dotazione un corno d'ottone dotato di cordoni e fiocchi versi, più raramente bianchi o amaranto. L'uniforme a colori invertiti riguardava quasi esclusivamente le teste di colonna.

GIUSEPPE NAPOLEONE RE DELLE DUE SICILIE AL I.Mo REGIMENTO D'INFANTERIA LEGGERA

I tamburi maggiori indossavano un largo colbacco di pelo nero con fiocchi, piume e pompon variopinte, un'uniforme simile a quella dei tamburi con qualche licenza di colore aggiuntiva.

ZAPPATORI E GENIERI

Gli zappatori, due per ogni compagnia di granatieri vestono l'abito da truppa ma con i colori invertiti fra bianco e colore distintivo. Quindi mostre, orli e filettature bianche. Portano barbe lunghe e hanno il distintivo dei genieri (asce incrociate al di sotto una granata) di panno scarlatto posto sulle due maniche ed in ottone sulle banderuole. Spalline scarlatte.

Colbacco di pelliccia nera e pennacchio scarlatto con larga borsa del colore distintivo filettata di bianco e terminate con un fiocchetto sempre bianco. Grembiule largo da geniere in cuoio imbiancato.

Alcuni zappatori sono dotati di alto berrettone di pelo nero del tipo dei granatieri in luogo del colbacco. Oltre ad essere armati di moschetto, gli zappatori hanno in dotazione la tipica ascia e una daga dritta seghettata con impugnatura dorata e foderi neri.

▲ Blasone del regno di Napoli durante il periodo francese.

MUSICANTI

Abito a lembi lunghi (corti in uniforme da servizio) del colore distintivo chiuso diritto da una fila di nove bottoni, quindi ad un solo petto e abbelliti da doppi alamari a punta bianchi o amaranto.

Colletto e paramano bianco gallonati d'argento. Spalline del colore distintivo a torneggi e frange bianche.

Il davanti dell'abito ornato di galloni d'argento. Risvolti bianchi. Pantaloni bianchi classici ma indossati sotto a stivali ungheresi neri. Shakò da truppa con pennacchio bianco con alla base o in cima tratto del colore distintivi.

MEDICI E CAPPELLANI MILITARI

Non esistono prescrizioni particolari per questi incarichi, e dobbiamo quindi far affidamento ad alcune fonti iconografiche. I medici avevano ampia libertà di vestizione, in un caso essi appaiono vestiti di una giacca bleu con galloni argento riservato ai copri di sanità e colore distintivo del reggimento.

In un altro caso si vede un medico indossante la stessa uniforme bianca degli altri ufficiali ma con colletto rosso da chirurgo e bottoniere e spalline dorate del suo grado. L'unica raffigurazione giunta a noi di un cappellano militare ci mostra un'uniforme bianca ad un petto con le mostre viola, un colore questo spesso in uso nei corpi spirituali di vari eserciti.

Curiosamente pare che i capellani militari napoletani fossero sempre armati di spada da ufficiale.

ARTIGLIERIA REGGIMENTALE

Ufficiali e uomini dei reparti di artiglieria reggimentale vestono la stessa uniforme indossata dai granatieri del loro reggimento ma con la giacca di color cilestro anziché bianco.

Hanno inoltre lo shakò adornato da una placca con granata in rilievo. Gli uomini del treno indossavano la stessa uniforme ma con pantaloni di pelle per meglio resistere all'usura delle cavalcature.

FANTERIA LEGGERA

Il 1° reggimento di fanteria leggera è la prima unità costituita del nuovo regno, con il decreto del 18 febbraio 1806. Mentre con il decreto del 27 maggio 1806 fu creato il 2° reggimento. Gli uomini appartenenti alla Legione Corsa passano al servizio del Re di Napoli con decreto imperiale del 30 giugno 1806. I suoi cinque battaglioni sono ridotti a tre il 7 novembre ed il corpo è riorganizzato in reggimento di fanteria leggera (3°) sotto il nome di Reale Corsica. Un reggimento di fanteria provvisorio è creato il 20 febbraio 1812 ed il 16 febbraio 1813 la fanteria leggera è riorganizzata, la Reale Corsica prende il nome di 1° reggimento di fanteria leggera, l'anziano 1° diventa così il 2° reggimento, l'anziano 2° diventa 3° reggimento ed il nuovo reggimento provvisorio diviene il 4° reggimento. Il 12 marzo 1814, tutti gli elementi corsi del 1° reggimento sono sciolti dal servizio napoletano e abbandonano il regno, questo fatto determinò la riduzione del reggimento agli effettivi di un solo battaglione. Il decreto del 2 aprile 1813 creò in ogni reggimento una compagnia d'artiglieria reggimentale attrezzata di due pezzi da 4 libbre cosi come avvenne nella fanteria di linea. I colori distintivi dei quattro reggimenti di fanteria leggera sono indicati nella tabella seguente:

Nr. Regg.	Denominazione	Colore distintivo
1°	Real corso	Rosso, dal 1813 nero
2°	Ex 1° regg	Giallo
3°	Ex 2° regg.	Rosso
4°		Arancione

REGGIMENTI DI FANTERIA LEGGERA: CACCIATORI

Sono i fucilieri dei reggimenti di linea, essi vestono fino al 1811 l'abito alla francese a lembi lunghi di panno blu scuro. Colletto del colore distintivo filettato di blu. Controspalline blu orlate con filettatura del colore distintivo. Risvolti a punta blu filettati del colore distintivo. Paramano blu filettati del colore distintivo su patte quadrate (con collata a 3 bottoni) sempre del colore distintivo filettato di blu. Risvolti alle code blu orlati del colore distintivo. Tasche verticali simulate da un filetto del colore distintivo. Bottoni di metallo bianco.
A partire dal 1811, l'abito di panno blu celeste scuro non è più a punta ed è sempre filettato del colore distintivo ed ha i lembi corti. Colletto del colore distintivo filettato di blu. Controspalline blu orlate del colore distintivo. Pettiglia blu filettato del colore distintivo. Paramano blu filettato del colore distintivo con patte rettangolari (con collata a tre bottoni) del colore distintivo filettato di blu. Risvolti blu orlati del colore distintivo e tasche verticali simulate sempre da un filetto del colore distintivo. Bottoni di metallo bianco. Il gilet bianco o blu è sotto la giacca dopo il 181 e non si vede. Pantaloni blu e ghette corte nere. Scarpe nere.
Nei primi anni il copricapo in uso è il bicorno di feltro nero ornato di una carota dal colore della compagnia con coccarda tricolore francese alla base. A partire dal 1809, viene adottato lo shakò francese in feltro nero con rinforzi a V e bande alte e basse in cuoio nero.
Placca di metallo bianco in losanga stampata del monogramma JN coronato. Fiocco sferico del colore della compagnia con coccarda tricolore a cordoncino bianco alla base.
Visiera di cuoio nero e sottogola in scaglie di metallo bianco. A partire dal 1811, la coccarda francese è sostituita dalla coccarda napoletana, bianca dal centro amaranto e la placca in losanga da una placca a scudo sannitico con stampato il numero del reggimento.
Equipaggiamento della fanteria francese. Buffetterie di cuoio imbiancato. Giberne di cuoio nero. Sciabola di fanteria con guardia con un solo ramo in ottone e fodero di cuoio nero dalle guarnizioni di ottone, dragona bianca.

CARABINIERI

I carabinieri rappresentano nella fanteria leggera quello che i granatieri sono nella linea. Essi vestono lo stesso abito da truppa con spalline scarlatte o amaranto a torneggi e frange uguali. Risvolti ornati di una granata bianca (prima del 1809) poi giallo o rosso per risaltare sul colore distintivo.
In alta uniforme i carabinieri portano il berrettone di pelliccia nera senza placca con imperiale scarlatto o amaranto ricamato di una granata bianca, pennacchio, cordone e racchette scarlatte o amaranto. In servizio, prima del 1809, bicorno con carota rossa poi shakò con pennacchio, cordone e banda alte scarlatti o amaranto. Pantaloni blu e ghette nere. Dragona scarlatta o amaranto.

VOLTEGGIATORI

Vestono l'abito blu da truppa con spalline verdi con mezzelune gialle. Risvolti alle code ornati di una cornetta da caccia bianca (prima del 1809) poi giallo o rosso per risaltare sul colore distintivo. In servizio, prima del 1809, bicorno con carota gialla in alto e verde in basso poi shakò con carota sempre gialla su verde, cordelline gialle e soggolo in metallo bianco. Dragona della sciabola verde.

SOTTOUFFICIALI

Abito da truppa, e come i loro colleghi della linea, sono identificati con galloni di grado, nel caso della fanteria leggera sono bianchi o argento orlati del colore distintivo sulle maniche. Per i sergenti delle compagnie d'élite e i sergenti maggiore di tutte le compagnie, spalline della compagnia a torneggi argento e frange miste di filo d'argento, spalline rosse per i sergenti maggiore dei cacciatori. Dragona amaranto misto al bianco.

UFFICIALI

Abito da truppa a lembi lunghi solitamente di tessuto e finiture di maggior pregio, con distintivi di grado (spalline, rialzo del collo e galloni allo shakò) argento. Shakò con placca, cordone e soggolo della visiera argentati. Stivali ungheresi neri con cordoncino e ghianda argento. Anche gli ufficiali della fanteria leggera, con l'esclusione degli ufficiali superiori portarono la gorgiera argento con la sigla reale JN in rilievo.

TAMBURI E CORNETTI

Abito da truppa col colletto e i paramano ornati di un gallone di livrea bianca, blu e rosso nel primo periodo dal 1806 al 1811. Nidi di rondine del colore distintivo bordati nella parte inferiore del gallone di livrea. Questo gallone è sostituito verso il 1811 da un gallone a scacchiera bianco ed amaranto dello stesso tipo usato dai colleghi della fanteria di linea, e le maniche sono adornate allora di sette capriate a V rovesciato di questo stesso gallone. Tamburo a cassa in rame e cerchi dipinti di triangoli alternati bianchi ed amaranto o blu.

REALE CORSICA

Abito alla francese, nei primi tempi del Regno a lembi lunghi di panno blu imperiale. Colletto scarlatto filettato di bianco. Spalline verdi orlate di scarlatto a torneggi scarlatto e frange verdi. Pettiglia a punta blu filettati di bianco. Paramani blu filettati di bianco a patte quadrate (con collata a tre bottoni) scarlatte orlate di bianco. Risvolti blu filettate di bianco. Bottoni di metallo bianco. Dopo 1809, abito comune in uso a tutti i reggimenti della fanteria leggera con colore distintivo che diventa nero.

FANTERIA DELLA GUARDIA REALE

Tramite il decreto del 30 settembre 1806 viene fissata la composizione iniziale della Guardia Reale napoletana. Per ciò che riguarda la fanteria furono creati:

- un reggimento di granatieri su due battaglioni di otto compagnie;
- un battaglione di volteggiatori su otto compagnie.

Al fine di ottenere un corpo militare affidabile e robusto, inizialmente gli effettivi sono quasi esclusivamente prelevati dalle compagnie d'élite dei reggimenti francesi dell'esercito di Napoli. Il 13 maggio 1806, la compagnia di cacciatori d'élite della città di Napoli è integrata alla Guardia come compagnia di veliti della Guardia, al seguito del reggimento volteggiatori. Il 22 settembre 1808, il corpo viene separato da quello dei volteggiatori e diventa il reggimento autonomo dei veliti cacciatori della Guardia. Il 15 luglio 1811, il reggimento dei veliti cacciatori fu rinominato 1° reggimento dei veliti a piedi. Contemporaneamente viene creato il 2° reggimento di veliti a piedi ottenuto dallo sdoppiamento del battaglione di volteggiatori che quindi finisce di esistere in quanto tale. Con il decreto del 29 settembre 1814, il 12° reggimento di fanteria di linea, recentemente costituito dai veterani rimpatriati delle campagne del 1812 e 1813, è integrato nella Guardia sotto il nome di reggimento di volteggiatori della Guardia. Infine una compagnia di marinai della Guardia fu creata con il decreto del 25 ottobre 1806. Il corpo passò infine a due compagnie il 28 luglio 1809.

▶ Ritratto di Gioacchino Murat, succeduto come sovrano a Giuseppe Bonaparte. Giuseppe lasciò (sul malgrado) il trono di Napoli nel 1808 per diventare re di Spagna.

Organigramma dei reggimenti di fanteria della Guardia:

Denominazione	Nr. Reparto	Colore distintivo
Granatieri della Guardia	1° batt.	Scarlatto (amaranto?)
Granatieri della Guardia	2° batt.	Scarlatto (amaranto?) mostre bianche
Veliti della Guardia	1° Regg.	Rosso
Veliti della Guardia	2° Regg.	Amaranto
Volteggiatori della Guardia	Regg.	Rosso
Marinai della Guardia	2 comp.	Rosso con alamari da marinaio

GRANATIERI A PIEDI DELLA GUARDIA REALE: GRANATIERI

Berrettone di pelo nero senza placca dotato di imperiale scarlatto ricamato di una granata bianca (1806-1811). Pennacchio scarlatto con coccarda tricolore alla base. Cordone intrecciato e racchette bianchi. Sottogola a scaglie di ottone. A partire dal 1811, berrettone con imperiale amaranto ricamato di una granata gialla. Pennacchio amaranto con coccarda bianca dal centro amaranto alla base. Cordone intrecciato e racchette amaranto (scarlatto ?). Abito alla francese a lembi lunghi di panno blu scuro. Colletto scarlatto filettato di bianco. Spalline scarlatte a torneggi e frange uguali. Pettiglia a quadrati bianchi filettati di scarlatto. Paramani scarlatti a patte (con collata a tre bottoni) blu filettato di rosso. Risvolti scarlatti ornati di una granata color aurora. Tasche verticali simulate da un filetto scarlatto. Bottoni di ottone. A partire dal 1811, abito a risvolti cucito a lembi lunghi di panno blu imperiale. Colletto amaranto filettato di blu ornato di due alamari gialli di nappa. Spalline amaranto a torneggi e frange amaranto. Pettiglia quadrata amaranto ornato ad ogni bottone di un alamaro giallo di nappa. Paramano amaranto a patte (con collata a 3 bottoni) uguali filettato di blu ed ornate ad ogni bottone di un alamaro giallo di nappa. Risvolti amaranto ornati di una granata gialla. Tasche verticali simulate da un filetto amaranto ornato ad ogni bottone di un alamaro giallo di nappa. Bottoni di ottone. A partire dal 1814, come per i reggimenti di fanteria di linea, viene adottato il paramano a punta amaranto sempre ornati di due alamari orizzontali di nappa gialla. Gilet bianco. Pantaloni bianchi e ghette alte poi sostituite da mezze ghette bianche in estate e nere in inverno. Scarpe nere. Buffetterie di cuoio imbiancato. Giberne di cuoio nero. Sciabola di fanteria con guardia in ottone e fodero di cuoio nero dalle guarnizioni di ottone, dragona bianca. A partire da 1811, buffetterie ocra chiaro bordate di bianco. Giberne ornate di una granata cinta di granate più piccole negli angoli, sempre in ottone. Dragona amaranto. Il secondo battaglione del reggimento era vestito come il primo ma con le mostrine bianche.

SOTTUFFICIALI

Abito della truppa ma con galloni di grado giallo od oro, orlati di amaranto posti sulla parte bassa delle maniche. Per i sergenti e i sergenti maggiori, spalline a torneggi oro e frange miste di filo di oro e cordone del berretto misto di filo di oro.

UFFICIALI

Abito della truppa ma ricamata con tessuto migliore e meglio tagliata dove tutti gli ornamenti di nappa gialli diventano oro o dorati. Insegne di grado (spalline, rialzo collo e cordone del berretto) in oro. Pennacchio amaranto per gli ufficiali subalterni e bianco per gli ufficiali superiori. Stivali con rovescio o stivali ungheresi neri a cordoncino e ghianda oro. Stivali alti alla scudiera per gli ufficiali a cavallo. Per gli ufficiali montati, sella francese con schabraque quadrata e cappucci di panno blu gallonato di oro, granata oro nell'angolo posteriore. Gorgiera dorata con cifre reali in argento con l'esclusione degli ufficiali superiori. Fuori servizio gli ufficiali indossavano un bicorno con coccarda, laccetti dorati e carota amaranto o bianco, giacca chiusa ad un petto con filetto del colore distintivo, bottoni dorati.

TAMBURI

Dopo 1811, vestono l'usuale abito da truppa con colletto, pettiglia, paramano, patte di paramano, risvolti e tasche ornate di un gallone di livrea a scacchiera bianco ed amaranto. Sette capriate a forma di V rovesciata in gallone di livrea sono poste sulle maniche. Tamburo a cassa in rame e cerchi rigati bianco ed amaranto. Altre fonti (Otto Von Pivka) parlano di uniforme "invertita" come nel caso della fanteria di linea, quindi giacca amaranto con il colore distintivo blu dove nella truppa sono amaranto o rosso. Il Tamburo maggiore come al solito indossa un'uniforme più variegata con colbacco di pelliccia marrone con cordelline dorate, pennacchio bianco con piumaggio verde e rosso alla base. Orli dorati sul colletto, ai risvolti, così come le cuciture sui pantaloni arricchite da fioroni all'ungherese sui pantaloni bianchi. Stivali da ufficiale con ghiande dorate, guanti bianchi e l'immancabile bastone con pomolo e puntale in argento festonato con cordoni e fiocchi dorati.

GENIERI

Abito da truppa in colori invertiti, amaranto con colletto, Paramano e rovescio blu. Colbacco di pelliccia nera con fiamma amaranto e cordoncino di giallo. Insegne degli zappatori, asce incrociate al di sotto una granata, in panno bianco sulle due maniche. Grembiule di cuoio chiaro/bianco, guanti in pelle scamosciata. Ascia con manico nero e metallerie dorate.

MUSICANTI

Abito della truppa con colori invertiti (amaranto al colletto, paramano risvolti, filetti ecc. blu). Colletto e rovescio fasciati di un largo gallone di oro. Trifogli d'oro sulle due spalle. Bicorno di feltro nero con gallone, distintivi e cordoncino di coccarda dorati, fasciate di un ricamo rigato bianco e amaranto. Pennacchio bianco. Pantaloni bianchi e stivali neri con rovesci scuri.

VELITI A PIEDI DELLA GUARDIA REALE : VELITI CACCIATORI (POI 1° REGGIMENTO)

Uniforme alla francese blu scuro con lembi lunghi con colletto scarlatto filettato di bianco e spalline gialle a tornanti scarlatti e frange verdi. Shakò con rinforzi a V e bande alte e basse in cuoio bianco. Aquila coronata in ottone. Visiera di cuoio nero cerchiato di ottone e sottogola in scaglie di ottone. Pennacchio verde con cima rossa e pompon verde. Cordoni e racchette bianchi. Il resto come i volteggiatori.

VOLTEGGIATORI (POI 2° REGGIMENTO)

Nel 1808 abito alla francese a lembi lunghi di panno blu imperiale. Colletto camoscio filettato di blu. Spalline verdi a torneggi gialli e frange verdi. Risvolti al petto bianchi filettati di scarlatto. Paramani scarlatti filettati di bianco a patte rettangolari (con collata a tre bottoni) bianche. Risvolti scarlatto ornati di un corno giallo. Tasche verticali simulate da un filetto scarlatto. Bottoni di ottone. Gilet bianco. Pantaloni bianchi e ghette alte in estate e nere in inverno. Scarpe nere. Shakò di feltro nero con rinforzi a V e bande alte e basse gialle. Aquila coronata di ottone. Pennacchio e fiocco gialli con coccarda tricolore con cordoncino giallo alla base. Cordoni e racchette gialle. Visiera di cuoio nero cerchiato di ottone e sottogola in scaglie di ottone.

VELITI DEL 1° REGGIMENTO

Abito con risvolti al petto cuciti a lembi corti di panno bianco. Colletto scarlatto filettato di bianco ornato di due alamari gialli di nappa. Spalline gialle a torneggi gialli e frange verdi. Risvolti al petto scarlatto filettati di bianco dove all'altezza di ogni bottone è sistemato un alamaro giallo di nappa. Paramano a punta scarlatto filettati di bianco ornato di tre alamari verticali gialli di nappa. Risvolti scarlatti filettati di bianco ornati di una granata e di un corno gialli. Tasche verticali simulate da un filetto scarlatto ornato ad ogni bottone di un alamaro giallo di nappa. Bottoni di ottone. Dopo 1814, spalline interamente verdi ed alamari posti in orizzontale ai paramano. Berrettone di pelliccia nera senza placca con imperiale amaranto ricamato di una granata gialla. Pennacchio verde con cima bianca e coccarda napoletana bianco e amaranto alla base. Cordone intrecciato e racchette verde. Sottogola a scaglie di ottone. Con la piccola uniforme, shakò di feltro nero con banda alta e nastro di cuoio nero. Placca in ottone ovale che porta una stella cinta di allori. Pennacchio verde con cima bianca. Cordoni e racchette verdi. Visiera cerchiata di ottone e sottogola a scaglie di ottone. Buffetterie ocra bordate di bianco. Giberne di cuoio nero ornate di una granata grande nel mezzo e cinta di quattro granate più piccole negli angoli, sempre in ottone. Sciabola di fanteria con guardia in ottone e fodero di cuoio nero dalle guarnizioni di ottone, dragona verde.

VELITI DEL 2° REGGIMENTO

Uniforme dello stesso tipo indossato dai veliti del 1° reggimento con le seguenti differenze: colore distintivo amaranto filettato di bianco al posto dello scarlatto. Spalline verdi con tornante rosso e frange verdi. Risvolti ornati di un solo corno giallo. Berretto e shakò con pennacchio interamente verde. Il resto come per il primo reggimento.

UFFICIALI

Abito da truppa ma tagliato meglio e di tessuto più pregiato dove tutti gli ornamenti gialli diventano oro o dorati. Insegne di grado (spalline, rialzo collo e cordone del berretto) oro. Pennacchio verde con cima bianca per gli ufficiali subalterni e totalmente bianco per gli ufficiali superiori. Stivali ungheresi neri con cordoncino e ghianda oro.

Per gli ufficiali montati, sella francese con shabraque e cappucci di panno del colore distintivo gallonato d'oro. Per tutti gli ufficiali esclusi quelli superiori una gorgiera dorata con le sigle JN in argento. In piccola tenuta pantaloni del colore distintivo, scarlatto o amaranto con doppia banda dorata. Giacca ad un solo petto listata del colore distintivo.

TAMBURI

Dopo il 1811, abito da truppa con colletto, rovesci, paramano, risvolti e tasche ornate di un gallone di livrea a scacchiera bianco ed amaranto. Sette capriate a forma di V rovesciata in gallone di livrea sulle maniche. Tamburo con cassa in rame e cerchi rigati bianco ed amaranto.

GENIERI

Abito della truppa con colori invertiti, scarlatto o amaranto con colletto, polsini e rovesci bianchi. Colbacco di pelliccia nera con fiamma scarlatta o amaranto guarnita di giallo. Insegne degli zappatori, le consuete asce incrociate al di sotto una granata, in panno giallo sulle due maniche.
Grembiule di cuoio chiaro o bianco. Ascia da zappatore e daga dentata simile a quella degli altri zappatori.

VOLTEGGIATORI DELLA GUARDIA REALE : VOLTEGGIATORI

Abito con risvolti cuciti a lembi corti di panno bianco. Colletto giallo filettato di scarlatto ornato di due alamari gialli di nappa. Spalline verdi con tornanti gialli e frange verdi. Risvolti al petto scarlatto filettato di bianco ornato ad ogni bottone di un alamaro giallo di nappa. Paramano a punta scarlatto filettati di bianco ornato di due alamari orizzontali gialli di nappa. Risvolti scarlatti filettati di bianco ornati di un corno giallo. Tasche verticali simulate da un filetto scarlatto ornato ad ogni bottone di un alamaro giallo di nappa.
Bottoni di ottone. Shakò a banda alta e nastro di cuoio nero. Questo shako fu successivamente ricoperto di una fiamma alla ussara gialla bordata di nero ed ornato di una larga coccarda napoletana guarnita di giallo.
Folto pennacchio ricadente a salice di colore verde e pompon verde. Visiera cerchiata di ottone e sottogola a scaglie di ottone. Insegna costituita dalla solita stella e festoni in ottone (Aloja). Buffetterie ocra bordate di bianco. Giberne di cuoio nero ornate di una granata cinta di quattro piccole cornette negli angoli, pure in ottone.

TAMBURI

Abito da truppa con colori invertiti, scarlatto a colletto, paramano e risvolti bianchi.

MARINAI DELLA GUARDIA REALE

Abito a rovescio cucito a lembi lunghi di panno blu scuro. Colletto amaranto ornato di due alamari in forma di ancore ricamate gialle. Spalline scarlatte a tornanti e frange scarlatte.
Risvolti cuciti amaranto ornati ad ogni bottone di un'ancora ricamata gialla. Paramano a punta amaranto ornato di tre ancore ricamate gialle poste in verticale. Risvolti amaranto con una granata gialla.
Tasche verticali simulate da un filetto amaranto ornato ad ogni bottone di un'ancora ricamata gialla.
Bottoni di ottone. Pantaloni bianchi o pantalone blu lungo alla scarpa secondo la stagione.
Mezze ghette e scarpe nere. Shakò di feltro nero con rinforzi a V, bande alte e basse in cuoio nero.
Placca di ottone con scudo stampato di un'ancora sormontata di una granata. Pennacchio e fiocco sferico scarlatto con coccarda napoletana e cordoncino giallo alla base.
Cordone e racchette di colore scarlatto. Visiera di cuoio nero cerchiato di ottone e sottogola in scaglie di rame.
I marinai hanno uno spadino diritto con elsa diritta di tipo classico chiamata spada d'onore.

STATO MAGGIORE

UFFICIALI GENERALI
Abito a lembi lunghi di panno blu imperiale chiuso da nove bottoni di metallo dorato. Colletto scarlatto ricamato sulla circonferenza di una ghirlanda di foglie di quercia in filo dorato. Spalline dorate con frange verdi. Il davanti dell'abito ricamato con una ghirlanda di foglie di quercia in filo dorato. Ornamenti scarlatti poi amaranto ricamati sulla circonferenza di una ghirlanda di fogli di quercia in filo dorato. Lembi senza risvolti ricamati di una ghirlanda di foglie di quercia in filo dorato. Sciarpa in vita di seta dorata, rigata di scarlatto poi di amaranto per i generali di divisione e di blu per i generali di squadra e annodata sull'anca sinistra.
A partire dal 1811, uniforme in panno blu celeste scuro, il davanti dell'abito ornato con nove occhielli in ghirlanda di foglie di quercia. Pantaloni bianchi e stivali alla cavallerizza neri, sostituite in campagna da un pantalone blu con banda dorata e degli stivali ungheresi listati e ghianda dorata.
Cappello-bicorno di feltro nero fasciato di un largo gallone di ricami dorati ed ornati di nappe dorate. Pennacchio bianco. Cinturone da ussaro con pendagli in cuoio nero rialzato di oro e chiuso da un fibbia a S in metallo dorato. Sciabola da cavalleria leggera con fodero di metallo dorato.
Dragona dorata rialzata di ricami. Bardatura di cuoio nero. Sella francese con fodera e cappucci di panno scarlatto successivamente di color amaranto gallonati d'oro

UFFICIALI DELLO STATO MAGGIORE
Bicorno nero con coccarda e cappietto con bottoni dorati. Giacca blu scuro con collo azzurro, bottoni e spalline dorate. Pantaloni color cremisi con larga banda dorata e nodi di tipo ungherese a fiorini sulla coscia. Stivali alla ussara con bordi e nappina dorati. Cinghie per le sciabole dorate.

AIUTANTI DI CAMPO
Soprabito a lembi lunghi di panno blu imperiale chiuso da nove bottoni di metallo dorato. Colletto celeste. Spalline di grado oro. Paramano a punta celeste poi amaranto. Risvolti celesti poi amaranto. Sul braccio sinistro, bracciale a frange dorate in seta bianca per gli ufficiali aggregati a uno Stato Maggiore dell'esercito o di corpo, scarlatto per gli ufficiali aggregati ad uno Stato Maggiore di divisione e celeste per gli ufficiali aggregati ad uno Stato Maggiore di squadra. Pantaloni bianchi e stivali alla cavallerizza neri.
Cappello di feltro nero ornato di nappa dorata. Pennacchio bianco con cima amaranto, celeste per gli ufficiali aggregati ad uno Stato Maggiore di squadra, con coccarda bianca col centro amaranto alla base. Cinturone da ussaro con pendagli in cuoio nero rialzato di oro e chiuso da un fibbia a S in metallo dorato. Sciabola da cavalleria leggera. Dragona dorata. Bardatura di cuoio nero. Sella ungherese con shabraque di panno blu scuro gallonato di oro e ricamata col monogramma reale negli angoli posteriori.

AIUTANTE DI CAMPO DEL RE
Abito alla ussaro. Dolman bianco con trecce e cordoncini dorati. Colletto e paramano in punta celesti gallonate di oro. Pelisse bianco con trecce e cordoncini dorati bordati di pelliccia. Capriate di grado dorato sulle maniche. Bottoni dorati. Pantaloni ungheresi cremisi con capriate di grado e benda laterale dorati. Stivali ungheresi cremisi orlati e ghianda dorata. Shakò ricoperto di panno cremisi con banda alta e bassa dorata. Cordone e racchette dorate. Pennacchio bianco che esce da un tulipano dorato. Buffetterie di cuoio cremisi rialzato di oro. Cinturone da ussaro con pendagli chiuso da un fibbia a S in metallo dorato. Sciabola da cavalleria leggera. Dragona dorata.

BANDIERE 1806-1810

Nel primo periodo, dal Regno di Giuseppe Napoleone e fino al 1811 le bandiere e gli stendardi del regno di Napoli seguivano il modello francese con rombo-losanga centrale del tipo usato dalle armate francesi modello 1804, con quattro angoli alternativamente rosso e nero (al posto del blu francese) ma con gli angoli neri e scarlatti. Sul diritto le bandiere recavano l'iscrizione di attribuzione in oro del reggimento all'interno della losanga bianca cinta di foglie d'alloro in oro. Del tipo indicato qui seguito:

GIUSEPPE NAPOLEONE
RE DELLA DUE SICILIE
AL xxx REGGIMENTO
DI FANTERIA
DI LINEA

GIUSEPPE NAPOLEONE
RE DELLA DUE SICILIE
AL xxx REGGIMENTO
DI FANTERIA
LEGGERA

Il rovescio porta la complessa araldica delle armi reali napoletane e siciliane cinte di una catena d'oro e sostenute da due sirene, il tutto posato su un fondo blu celeste foderato di ermellino e bordato di un gallone a scacchiera rossa e bianca. Negli angoli veniva posto il numero in oro del reggimento.

BANDIERE 1811-181

Con l'avvento di Murat e comunque dopo il 1811 i nuovi colori del regno sono descritti nel decreto del 15 febbraio 1811 che sostituisco anche la coccarda tricolore con la nuova coccarda bianca dal centro amaranto. La bandiera diviene azzurro cielo fasciata di una scacchiera bianca e amaranto. Al centro le armi reali un po' più semplificate con scudo diviso in tre: sopra campo blu con aquila imperiale in oro, sotto campo a sinistra dorato con cavallino rampante nero, campo a destra sempre dorato con le tre gambe simbolo della Trinacria in colore naturale con sole dorato al centro. Questo stemma è coronato e cinto dal grande collare dell'ordine di Napoli e dal grande collare della Legione d'onore a significare il dominio francese, il tutto sostenuto da due sirene al naturale. Nel caso degli stendardi della Guardia appare anche il motto dorato in cerchio. E' noto quello dei granatieri che riporta: Onore e Fidelità senza macchia. Al rovescio, cinto di una corona di alloro al naturale, sormontata da una corona reale posta sulla cifra GN (Gioacchino Napoleone) il tutto posto sopra l'iscrizione dorata:

GIOACCHINO NAPOLEONE
AL REGG.TO
DI FANTERIA
xx DI LINEA

GIOACCHINO NAPOLEONE
AL REGG.TO
REAL CALABRIA
5° DI LINEA

Il 6° reggimento di fanteria di Linea conserva, dal 1810 al 1813, la bandiera della Guardia di Napoli che è dello stesso tipo di quelle già descritte ma in panno amaranto. Nei reggimenti di fanteria, il secondo ed il terzo portabandiera, (i sergenti-maggiore dei granatieri), portano rispettivamente delle alabarde con guidoni rispettivamente bianchi col monogramma amaranto ed amaranto con monogramma blu, (blu con monogramma amaranto per il 6° reggimento). E' noto anche uno stendardo in uso dal reggimento di fanteria leggera Real Corso di colore interamente amaranto con all'interno un cerchio bianco circondato da un serto di alloro dorato. All'interno del cerchio sotto una corona dorata stava l'iscrizione pure dorata: Gioacchino Napoleone re delle due Sicilie al reggimento Real Corso.

▶ Carabinieri di un reggimento di fanteria leggera. Tavola di Gennaro Aloja.

QUINTO CENNI
Un soldato che non fece mai il soldato…

Il nostro più grande e prolifico artista militare, Quinto Cenni nacque a Imola, all'epoca sotto il Regno Pontificio, il giorno di Pasqua 20 marzo del 1845 dall'avvocato (o dottore causidico nel volgo emiliano) Antonio e da Maria Sangiorgi, in una famiglia di solide tradizioni cattoliche, patriottiche, ma anche liberali (un cugino, il capitano Guglielmo Cenni, fu infatti un valoroso volontario garibaldino).

Quinto di nome e di fatto, era infatti il quinto dei dieci figli, i più morti prematuramente, che la famiglia Cenni ebbe. Trascorse i primi anni e compì i primi studi nella cittadina romagnola. Ancora ragazzino sviluppò una passione innata per il disegno ritraendo da subito quello che saranno i suoi soggetti per antonomasia, i soldati !

E in quegli anni ritrae principalmente quelli che gli passano sotto gli occhi; militari austriaci e pontifici che attraversano le polverose strade del paese. Alla prematura morte del padre, avvenuta nel 1856, la numerosa prole venne in parte dispersa, e in un primo tempo pare si chiudano per Quinto le possibilità di intraprendere gli studi di disegno, finche si trasferì con un fratello e una sorella a Bologna. Ed è qui, dopo varie tribolazioni, che il nostro consolida la sua vena artistica presto indirizzata negli ideali studi di pittura resi possibili da un generoso sussidio concessogli dalla amministrazione della sua città natia.

Nel 1864 perde anche la madre. Nel 1867 consegue finalmente il meritato diploma e lo stesso anno Cenni si trasferì a Milano che diverrà sua città d'adozione. Sempre del 1867 è il suo primo lavoro noto, oggi purtroppo scomparso, intitolato: "la tumulazione del generale inglese Moore, dopo la battaglia della Coruna in Ispagna".

Nella capitale lombarda egli si perfeziona nella tecnica dell'incisione, iscrivendosi ai corsi di xilografia e litografia dell'Accademia di Brera dove nel 1870 fu premiato per la litografia. Sono di questi anni gli esordi di quella poliedrica e monumentale attività dell'artista nel campo dell'illustrazione grafica. Dapprima collaboratore del periodico Emporio pittoresco, di cui fu il primo illustratore di soggetti a carattere storico-militare, disegnò poi per varie altre riviste come La Cultura moderna, La Lettura Epoca, L'Illustrazione italiana, La Rivista illustrata, Lo Spirito-folletto ed Emporium.

Oltre a lavorare per le riviste si dedicò anche all'illustrazione di libri, come *Niccolò de' Lapi* di Massimo d'Azeglio. la strada è ormai tracciata, Cenni prosegue infaticabile nei suoi progetti artistici ed editoriali, Nel 1870 pubblica il corposo *Custoza 1848-1866* e il numero unico *I Bersaglieri*, dedicato al famoso corpo di fanteria nel cinquantenario della sua costituzione. Negli stessi anni videro la luce anche gli album *L'esercito italiano, Eserciti europei* e *Gli eserciti d'oltre mare* editi tutti da Vallardi. Libri oggi molto ricercati da collezionisti di tutto il mondo. Questi primi vennero seguiti da *I Granatieri* (1887), *Nizza cavalleria, I Carabinieri Reali* (1894), *Cavalleggeri Saluzzo, Lancieri di Firenze* (1898 e 1900), *Avanti l'artiglieria* e *Il Genio militare.*

Quasi sempre editi da Vallardi, ma compaiono anche i primi tentativi di editare direttamente col nome Cenni! In questa nuova veste anche di editore, Quinto Cenni rompe gli indugi e nel 1887 fondò a spese sue *L'Illustrazione militare italiana*, illustrata con tavole e disegni militari. Impresa questa che durò per oltre un decennio terminando appunto nel 1897.

L'Illustrazione militare italiana valse al Cenni numerosi riconoscimenti, incarichi e una certa notorietà anche fuori dai confini nazionali. l'opera, la più importante realizzata del Cenni rappresentò quanto di meglio si pubblicava allora in Italia in merito alle tradizioni, la storia e la composizione dell'Esercito Italiano. Cenni sperò che questa pubblicazione potesse essere fonte di quel guadagno che gli era venuto a mancare per i dissidi con l'editore Treves. Il periodico fondato da Cenni, come detto fu accolto con grande favore e diffuso in vari Paesi, dove ebbe abbonati, corrispondenti e collaboratori. Il governo portoghese gli conferì la prestigiosa onorificenza dell'Ordine militare di Cristo. La pubblicazione gli diede molte soddisfazioni, ma purtroppo non quelle economiche.

◀ Guardia del corpo a cavallo in piccola tenuta provvisoria.

Ricchissima di notizie, anche relative a viaggi ed esplorazioni. Molti gli articoli di storia militare in particolare relativi a episodi risorgimentali. Fu sempre a seguito di questa opera che il ministero della Guerra italiano gli commissionò un album illustrato sulla campagna del 1859, che venne poi pubblicato a cura dell'Ufficio storico del Corpo di Stato Maggiore col titolo *Album della guerra del 1859*. A questo importante lavoro seguirono poi il numero unico *Aosta la veja*, *l'Atlante militare dedicato alle uniformi degli eserciti europei del tempo*, e *L'Esercito italiano nella nuova divisa* (uniformi del 1910). Tra il 1912 e il 1913 lavorò all'*Album della guerra italo-turca e della conquista della Libia* che fu il primo lavoro italiano di questo tipo pubblicato a dispense, poi riunito in unico fascicolo. Nonostante l'enorme amore e trasporto per le divise e le uniformi, oltre che per tutti gli aspetti della vita militare, Quinto Cenni, il romagnolo naturalizzato milanese, che dedicò tutta la sua vita all'illustrazione del costume militare non vestì mai l'uniforme, non fece mai il soldato. Fu però di fatto un accasermato, poiché non perdeva occasione per stare attorno o nei dintorni di qualsivoglia struttura militare. Sempre molto vicino ai soldati che ritraeva di continuo, passando interi pomeriggi all'interno delle caserme dove, vista la sua fama consolidata, aveva ormai libero accesso, sempre accolto con estrema simpatia.

Quinto Cenni morì in piena prima guerra mondiale il 13 agosto 1917, dopo aver vissuto praticamente tutte le fasi risorgimentali del nostro paese, nella sua casa di proprietà di Carnate in Brianza mentre instancabile stava lavorando alla sua ultima serie dedicata ai Ducato di Modena e Ducato di Parma per il dottor Gustavo De Ridder e per il medico olandese H. J. Vinkhuijzen.

L'opera di Cenni

La vastissima produzione artistica di Quinto Cenni è oggi custodita in parte dalle Istituzioni pubbliche e in parte da numerosi collezionisti privati sparsi per tutto il mondo. In Italia, presso il Museo Nazionale di Castel S. Angelo a Roma sono conservati 288 acquarelli. Questi sono in gran parte gli originali donati dagli eredi Cenni all'allora Presidente del Consiglio Mussolini. Il Museo del Risorgimento di Milano a sua volta conserva oltre un centinaio di acquarelli sui volontari del Risorgimento.

Anche la Pinacoteca civica di Imola conserva qualche campione del suo illustre concittadino..
Ma è soprattutto l'Ufficio Storico dello Stato Maggiore dell'Esercito a possedere la gran massa dei lavori del Cenni. Oltre all'archivio privato dell'artista, una raccolta di moltissimi documenti divisi in vari volumi, dove Quinto e il figlio Italo dopo di lui hanno raccolto appunti e disegni sulle uniformi, sulle armi e sugli eserciti di tutto il mondo e tutte le epoche. Denominato Codice Cenni esso è costituito dalla raccolta dei lavori del Cenni realizzati fra il 1867 e il 1917. Unica nel suo genere, questa preziosa e irripetibile collezione si compone di venticinque album. Sono migliaia di soggetti in più di duemilacinquecento fogli, "soldatini" bellissimi e coloratissimi.

Vere e proprie pere d'arte nelle quali la cura del particolare e la puntigliosa descrizione degli oggetti di corredo e delle varie parti delle uniformi vengono fissate e arricchite spesso da commenti in lapis dell'artista a piè di pagina. Questo enorme dossier contiene anche migliaia di lettere, fogli, cartoline, blocchi per appunti, pagine di quaderno ricoperti di una scrittura inconfondibile, stralci di regolamenti, repertori militari, prescrizioni, opuscoli e circolari; molti fogli riportano schizzi, disegni, bozze di lavori e altro prezioso materiale fondamentale per ogni studioso di uniformologia.

La collezione Vinkhuijzen

Recentemente, 50 acquerelli di Quinto Cenni sul Ducato di Parma al tempo di Maria Luigia, dei quali non si conosceva l'esistenza, sono comparsi in mostra al Museo di New York. Essi facevano parte della grandiosa collezione del già citato medico olandese H. J. Vinkhuijzen. Questi, un appassionato cultore di iconografia militare era un contemporaneo del Cenni, visse infatti fra il 1940 e il 1910.
Collezionista eccentrico, il Dr. H. J. Vinkhuijzen, iniziò la sua carriera come medico dell'esercito olandese fino a diventare medico ufficiale di corte del principe Alessandro dei Paesi Bassi. La sua vasta collezione arrivò a contare oltre 32.000 soggetti. Moltissimi e pressoché sconosciuti quelli realizzati espressamente per la sua collezione da parte di Quinto Cenni. Dal 1911 la collezione è stata donata alla New York Public Library dal sig. Henry Draper erede del medico olandese. Ed è questa collezione a costituire la gran massa dei **Quaderni Cenni** che Soldiershop ha in corso di pubblicazione. Ogni immagine ha subito una rigorosa pulizia e ri-classificazione per fornire agli appassionati di storia militare e costume un opera complete e agevole, di notevole importanza per gli studiosi di uniformologia e non solo.

Cenni pittore ?

Quinto Cenni, pur avendone le possibilità non si dedicò praticamente mai al lavoro su tela, all'attività di pittore classico. Del Cenni infatti non esistono quadri famosi, preferendo egli dedicarsi di gran lunga al disegno, all'incisione e all'acquerello. Fra le poche opere note, la Galleria d'arte moderna di Milano conserva l'acquerello *Cannoniere al pezzo*. Nella Pinacoteca civica di Imola si può ammirare un suo Ritratto ma si tratta di un opera del figlio Italo. Sono noti alcuni quadri che l'artista romagnolo preparò per alcuni concorsi come quello a Milano del 1872 con il quadro *Il combattimento in Piazza Vendôme a Parigi tra Versagliesi e Comunardi* e nel 1881 all'Esposizione nazionale di Belle Arti con *La battaglia di San Martino*. Quinto Cenni fu sostanzialmente uno studioso entusiasta della complessa materia dell'uniformologia, materia che in Italia ha sempre avuto pochi cultori e specialisti,

▲ Il collezionista e medico olandese H. J. Vinkhuijzen, amico e mecenate di Quinto Cenni presso il quale acquistò centinaia di tavole originali dedicate principalmente agli stati italiani pre-unitari ma anche all'esercito del Messico

◀ Italo Cenni, Ritratto di Quinto Cenni nell'atto di scrivere, olio su tela (Musei Civici di Imola)

BIBLIOGRAFIA DI QUINTO CENNI

- Custoza 1848-1866, Album stroico artistico militare, Milano, 1878
- L'Esercito italiano - Schizzi militari, Album, Milano, 1880
- I Bersaglieri, Numero unico, 18 giugno 1886, Milano, 1886
- I Granatieri, Numero unico, Milano, 1887
- La commemorazione del 1° decennio della morte di Re Vittorio Emanuele II, numero unico pubblicato da L'illustrazione militare italiana, Milano, 1888
- Aosta "la Veia", Numero unico, 1890
- Nizza cavalleria!, Numero unico, 1890
- Piemonte Reale cavalleria, Numero unico, 1892
- I Carabinieri reali, Numero unico, 1894
- L'Artiglieria italiana nelle guerre napoleoniche, Roma, Voghera, 1899
- Avanti l'Artiglieria!, Numero unico, 1904
- La Guerra Italo-Turca 1911-1913, Album illustrato
- La campagna del 1859, Album illustrato
- 1849: Assedio di Roma, Foglio m 1,05x0,69
- I Battaglioni della Speranza 1797-99, 1848-49, 1859-60, in Lettura, 1916

Diresse e illustrò L'Illustrazione Militare Italiana dal 1887 al 1897

Opere illustrate

- B. Lencisa, Pasquale Paoli e le guerre di indipendenza della Corsica, Milano, Vallardi, 1890
- P. Moderni, L'assedio di Roma nella guerra del 190.., Milano, La Poligrafica, s.a.
- Alessandro Manzoni, I Promessi Sposi
- Massimo D'Azeglio, Ettore Fieramosca
- Massimo D'Azeglio, Niccolò de' Lapi
- Francesco Domenico Guerrazzi, L'assedio di Firenze

TAVOLE
UNIFORMOLOGICHE

Note alle tavole a colori

La seconda parte dei soldati del regno di Napoli fa riferimento al periodo 1806-1808 con Giuseppe Bonaparte sul trono del Regno di Napoli.
Le tavole sono riportare in base ai numeri riportati dallo stesso Cenni sull'angolo in alto di ogni foglio e della prima classificazione fatta dal collezionista olandese.

Tutti i figurini pubblicati su questo libro sono opera di Quinto Cenni e fanno parte della collezione privata raccolta alla fine dell'ottocento dal Dott. H. J. Vinkhuijzen ora di proprietà della New York Public Library cui va tutto il nostro ringraziamento per la gentile concessione.

Ogni tavola ha subito una radicale pulizia grafica da graffi, segni e usure del tempo. Tutte le indicazioni riportate, quando presenti, si rifanno agli originali testi inseriti dall'artista ai piedi, a lato delle tavole o sul retro delle stesse.

Il re di Napoli Giuseppe Napoleone Bonaparte con scudo araldico

Tenente gendarmeria piedi in gran tenuta e ufficiale della legione della gendarmeria Reale

Capo squadrone della gendarmeria reale

Ufficiale in redingote

Capitano gendarmeria in piccola tenuta

Maresciallo capo de logis in grande uniforme a cavallo

Maresciallo de logis a piedi e gendarme

Maresciallo de logis e brigadiere della gendarmeria a piedi in redingote

1806-1808

Brigadiere della Gendarmeria in mantella

Gendarmi a piedi

1806-1808

Uomini della gendarmeria reale

Gendarmi a cavallo in tenuta di servizio

Gendarme a piedi in tenuta di pattuglia

Compagnia franca degli Abruzzi

Testa di colonna della legione corsa

Volteggiatore della legione corsa

Soldati della legione corsa

Cacciatore a cavallo del 3° reggimento

Guardia civica provvisoria

Individuo 1° regg. Cacciatori a cavallo e Porta bandiera reggimento di fanteria leggera

Cacciatori a cavallo servizio a piedi

Cacciatore a cavallo 1° Reggimento compagnia d'elitè

1806-1808

Veterinario 1° Cacciatori a cavallo

Ufficiale e stendardo 1° Cacciatori a cavallo

Cacciatore a cavallo 1° Regg.

Soldati del battaglione degli ufficiali

Testa di colonna del 1° Reggimento di fanteria leggera

Stendardo del reggimento 1° Fanteria leggera

Volteggiatore del 2° Regg. Fanteria leggera in servizio a cavallo

Ufficiali del 2° Reggimento di fanteria leggera

1806-1808

Ufficiali del 1° Reggimento di fanteria leggera

Testa di colonna del 2° Reggimento di fanteria leggera

Cacciatore a cavallo del 1° Reggimento con carabiniere fanteria leggera in groppa

Fanteria leggera del 1° reggimento

Trombe del 2° Reggimento cacciatori a cavallo

Capitani del 1° Reggimento di fanteria di linea

1806-1808

Capitano dei granatieri del 1° Reggimento di fanteria di linea

Testa di colonna del 1° Reggimento fanteria di linea

1806-1808

Soldati del 1° Reggimento fanteria di linea in piccola tenuta

Furiere del 1° Reggimento fanteria di linea e capitano dei volteggiatori del 1° Di linea

1806-1808

Soldati in tenuta da lavoro del 1° Reggimento fanteria di linea

Fucilieri del 1° Reggimento fanteria di linea

Testa di colonna del 2° Reggimento fanteria di linea

Soldati del 2° Reggimento fanteria di linea

Sotto-tenente volteggiatori del 2° Reggimento fanteria di linea

Sergente e Ufficiale dei veliti a piedi

Soldato dei veliti a piedi della Guardia in cappotto

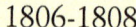

1806-1808

Maggiore comandante della guardia degli ufficiali e ufficiale e battaglione guardia della darsena

Sergente maggiore della guardia della darsena

Soldati guardia di darsena

1806-1808

Ufficiali vari battaglione ufficiali

Maresciallo aiutante e furiere battaglione ufficiali

Piccolo stato maggiore battaglione ufficiali

Tamburo maggiore e tamburo battaglione ufficiali

Oboista battaglione ufficiai e musicante guardia civica battaglione Teramo

Caporale operaio battaglione ufficiali

Ufficiali compagnia battaglione ufficiali

Sergenti del battaglione ufficiali

Caporale del battaglione ufficiali

Maggiore della Guardia del corpo a cavallo

1806-1808

Guardia d'onore a cavallo

Granatieri della Guardia civica della legione Bari

Capo battaglione guardia civica della legione Terra del lavoro

Soldato riservato della guardia civica della legione Due Calabrie

Caporale volteggiatori guardia civica legione Aquila

Musicante guardia civica provinciale della legione Principato

Velite a cavallo

Ufficiale Guardia civica provinciale a cavallo

Guardia civica provinciale a cavallo

Musicanti guardia civica provinciale della legione Bari e Basilicata

Artificere d'artiglieria

Corpo della Guardia del Genio

1806-1808

Soldato di campagna

Cavalleria della spiaggia

Torriere

Cacciatori delle due Calabrie

Comandante 2a compagnia cacciatori a cavallo volontari degli Abruzzi

Ufficiali cacciatori a cavallo volontari degli Abruzzi

Tromba dei cacciatori a cavallo volontari degli Abruzzi

Cacciatori 1a compagnia cacciatori a cavallo volontari degli Abruzzi

Cacciatori 2a compagnia cacciatori a cavallo volontari degli Abruzzi

Capitano armigeri regi e armigero regio

Armigero a cavallo

Trombe e tamburi armigeri regi

Tenente armigero regio a cavallo

1806-1808

Ufficiali reggimento cavalleggeri polacchi

capitano reggimento cavalleggeri polacchi

1806-1808

Ufficiali reggimento cavalleggeri polacchi in frac e mantella

Tenente reggimento cavalleggeri polacchi

Ufficiale reggimento cavalleggeri polacchi in tenuta di gala

Ufficiale reggimento cavalleggeri polacchi in tenuta di servizio

Ufficiale reggimento cavalleggeri polacchi in tenuta di barrage

Caporale reggimento cavalleggeri polacchi in gran tenuta

1806-1808

Soldato reggimento cavalleggeri polacchi in mantello

Soldato reggimento cavalleggeri polacchi in tenuta da caserma

Colonnello comandante reggimento di fanteria polacca

Ufficiali del reggimento di fanteria polacca

Soldati reggimento di fanteria polacca

Portastendardo sergente del reggimento di fanteria polacca

Zappatore del reggimento di fanteria polacca

Musicante e tamburo maggiore del reggimento di fanteria polacca

Musicanti in piccola tenuta del reggimento di fanteria polacca

1806-1808

Tamburini del reggimento di fanteria polacca

129

Fucilieri del reggimento di fanteria polacca

Granatiere e volteggiatore del reggimento di fanteria polacca

Corpo di Guardia del reggimento di fanteria polacca

Veterano del reggimento di fanteria polacca

INDICE:

*

BIBLIOGRAFIA ESSENZIALE:

- *Piero Crociani e Massimo Brandani* - L'esercito Napoletano 1806/15 Fanteria di Linea. EMI editore, Milano 1987.

- *N.Cortese* - Memorie di un generale della Repubblica e dell'Impero. Napoli 1927.

- N.Cortese – L'esercito napoletano e le guerre napoleoniche. Napoli 1928.

- *Otto Von Pivka* – Napoleon's Italian troops. Osprey 1999.

- *Piero Crociani e Massimo Brandani* - La cavalleria di linea di Murat 1808-15. La Roccia Ed. 1978.

- *Massimo Fiorentino* – Murat les uniformes de la legende. La revue Napoleon, Parigi 2005.

- *J.Rambaud* – Naples sous Joseph Bonaparte. Parigi 1911.

- *M.H.Weil* – Joachim Murat roi de Naples – la derniere année du regne – Parigi 1909.

- *M.H.Weil* – Le prince Eugèene et Murat. Parigi 1902.

- *Gennaro Aloja* – L'esercito di Murat re di Napoli. Sugarco edizioni 1990.

- *L. Conforti*, Il Regno di Napoli dal 1789 al 1799, Napoli 1887.

- *M. D'Ayala,* Napoli militare, Napoli 1847.

- *G.Boeri e Piero Crociani,* L'esercito borbonico dal 1789 al 1815, Roma S.M.1989

- *G.Boeri e Piero Crociani,* L'esercito borbonico dal 1815 al 1830, Roma S.M.1989

- *Luca Cristini,* L'esercito del Regno di Napoli 1806-1815 vol. 1 la fanteria, Soldiershop 2014

- *Quinto Cenni,* Il soldato italiano del Risorgimento, Rivista Militare 1987

- *V.Gibellini.* Gli eserciti italiani, De Agostini, Novara 1975.

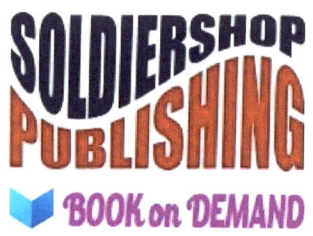

QUADERNI CENNI - WORK PLAN

Collana basata sulle prestigiose immagini realizzate nell'arco di una vita dal più grande pittore militare e uniformologo italiano, il modenese Quinto Cenni.

Questi quaderni spaziano su gran parte degli stati pre-unitari italiani e non solo. Libri di medio/grande formato 20,5 x 25,5 composti da 100/150 pagine tutte a colori con le tavole a piena pagina ed un prologo testuale di una ventina di pagine a commento delle uniformi trattate e della vita di Quinto Cenni. Già realizzate le copie dedicate al Ducato di Parma e in parte quelle degli eserciti borbonici e napoletani del periodo napoleonico. Seguiranno i volumi sul Ducato di Modena, Granducato di Toscana, di Lucca. Repubblica di Genova e molti altri

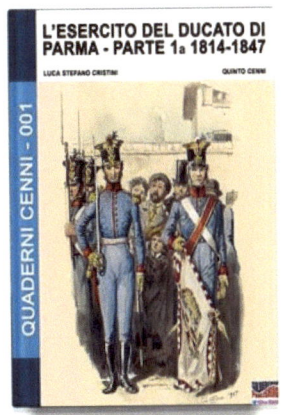
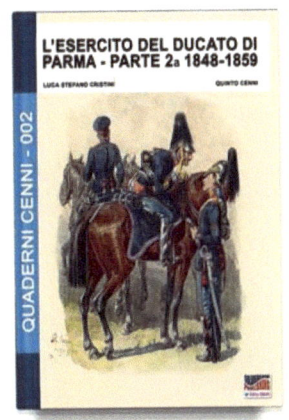
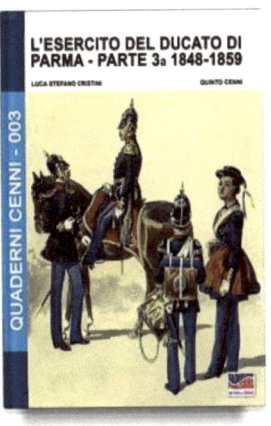

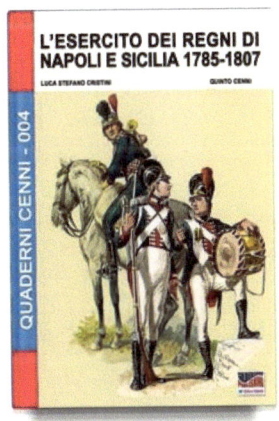
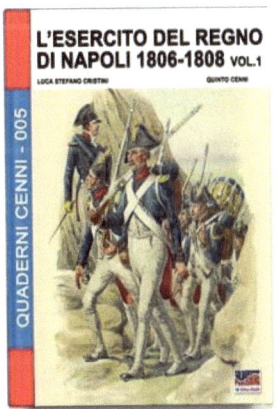
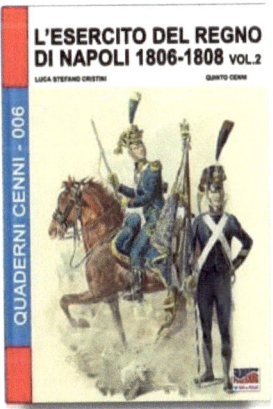
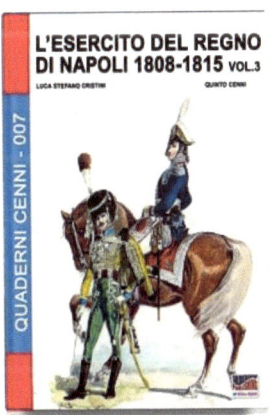